¡Es Hanukkah!

por Richard Sebra

BUMBA BOOKS™ en español

EDICIONES LERNER ◆ MINEÁPOLIS

Muchas gracias a José Becerra-Cárdenas, maestro de segundo grado en Little Canada Elementary, por revisar este libro.

Nota a los educadores:
A través de este libro encontrarán preguntas para el pensamiento crítico. Estas preguntas pueden utilizarse para hacer que los lectores jóvenes piensen críticamente del tema con la ayuda del texto y las imágenes.

Traducción al español: copyright © 2019 por Lerner Publishing Group, Inc.
Título original: *It's Hanukkah!*
Copyright © 2017 por Lerner Publishing Group, Inc.

La traducción al español fue realizada por Giessi Lopez.

ediciones Lerner
Una división de Lerner Publishing Group, Inc.
241 First Avenue North
Mineápolis, MN 55401, EE. UU.

Si desea averiguar acerca de niveles de lectura y para obtener más información, favor consultar este título en www.lernerbooks.com

Library of Congress Cataloging-in-Publication Data
Names: Sebra, Richard, 1984– author.
Title: ¡Es Hanukkah! / por Richard Sebra.
Other titles: It's Hanukkah! Spanish
Description: Minneapolis : Ediciones Lerner, 2018. | Series: Bumba books en español. ¡Es una fiesta! | Includes bibliographical references and index. Identifiers: LCCN 2017053128 (print) | LCCN 2017056662 (ebook) | ISBN 9781541507913 (eb pdf) | ISBN 9781541503496 (lb : alk. paper) | ISBN 9781541526631 (pb : alk. paper)
Subjects: LCSH: Hanukkah—Juvenile literature.
Classification: LCC BM695.H3 (ebook) | LCC BM695.H3 S393418 2017 (print) | DDC 296.4/35—dc23

LC record available at https://lccn.loc.gov/2017053128

Fabricado en los Estados Unidos de América
1-43844-33677-1/10/2018

Expand learning beyond the printed book. Download free, complementary educational resources for this book from our website, www.lernerresource.com.

Tabla de contenido

Celebramos Hanukkah

La Hanukkah es una celebración judía.

Dura ocho días.

La celebración sucede en noviembre o en diciembre.

Hanukkah es una fiesta antigua.

Empezó hace miles de años.

Celebra la apertura de un templo.

A Hanukkah se le llama
la Fiesta de las Luces.
La gente pone velas
en un candelabro.

¿Por qué se le puede llamar a Hanukkah la Fiesta de las Luces?

Hay nueve velas.

La vela de en medio se utiliza para encender las otras.

Una vela nueva se enciende cada noche.

¿Por qué crees que hay nueve velas?

La gente canta canciones.

Cantan después de que se

encienden las velas.

Algunas canciones hablan de luces.

Otras hablan de juegos.

¿Por qué crees que las personas cantan canciones?

Los niños juegan juegos durante Hanukkah.

Giran una perinola.

La perinola tiene cuatro lados.

¿Por qué puede tener algo escrito la perinola?

Las familias comen juntas.

Muchas familias comen comidas fritas.

También comen comidas hechas con queso.

Los niños reciben regalos.

Los regalos pueden ser monedas.

Los regalos pueden ser dulces.

Los regalos pueden ser juguetes.

Hanukkah es una gran fiesta.

Las familias lo celebran juntas.

Velas en Hanukkah

Las velas van en el candelabro.
Las pones de derecha a izquierda.
Utiliza la vela de en medio para encender el resto.
Enciende las velas de izquierda a derecha.

Glosario de imágenes

velas

palos de cera que se pueden quemar para proporcionar luz

celebrar

hacer algo divertido en un día especial

templo

un lugar dónde la gente ora

perinola

un juguete pequeño que gira

Índice

Leer más

Felix, Rebecca. *We Celebrate Hanukkah in Winter.* Ann Arbor, MI: Cherry Lake Publishing, 2014.

Pettiford, Rebecca. *Hanukkah.* Minneapolis: Jump!, 2014.

Strain Trueit, Trudi. *Hanukkah.* Mankato, MN: The Child's World, 2013.

Agradecimientos de imágenes

Las imágenes en este libro son utilizadas con el permiso de: © Susan Chiang/iStock.com, páginas 4–5; © Boris Stroujko/Shutterstock.com, páginas 7, 23 (abajo a la izquierda); © BrAt82/Shutterstock.com, páginas 9, 23 (arriba a la izquierda); © pushlama/iStock.com, páginas 10–11; © ChameleonsEye/Shutterstock.com, página 12; © Sarah Bossert/iStock.com, páginas 15, 23 (abajo a la derecha); © OlafSpeier/iStock.com, página 16; © HelpingHandPhotos/iStock.com, página 19; © goldenKB/iStock.com, páginas 20, 23 (arriba a la derecha); © FreezeFrameStudio/iStock.com, página 22.

Portada: © blueeyes/Shutterstock.com.